When I Am Gloomy
Amikor szomorú vagyok

Sam Sagolski
Illustrated by Daria Smyslova

www.kidkiddos.com
Copyright ©2025 by KidKiddos Books Ltd.
support@kidkiddos.com

All rights reserved. No part of this book may be reproduced in any form or by any electronic or mechanical means, including information storage and retrieval systems, without written permission from the publisher, except in the case of a reviewer, who may quote brief passages embodied in critical articles or in a review.
First edition, 2025

Translated from English by Ilona Vass
Angolról fordította: Vass Ilona

Library and Archives Canada Cataloguing in Publication
When I Am Gloomy (English Hungarian Bilingual edition)/Shelley Admont
ISBN: 978-1-0497-0079-3 paperback
ISBN: 978-1-0497-0080-9 hardcover
ISBN: 978-1-0497-0081-6 eBook

Please note that the English and Hungarian versions of the story have been written to be as close as possible. However, in some cases they differ in order to accommodate nuances and fluidity of each language.

One cloudy morning, I woke up feeling gloomy.
Egy borús reggelen szomorúan ébredtem.

I got out of bed, wrapped myself in my favorite blanket, and walked into the living room.
Kimásztam az ágyból, beburkolóztam a kedvenc takarómba, és átmentem a nappaliba.

"Mommy!" I called. "I'm in a bad mood."
– *Anya! – szólaltam meg. – Rossz kedvem van.*

Mom looked up from her book. "Bad? Why do you say that, darling?" she asked.
Anya felnézett a könyvéből. – Rossz? Miért mondod ezt, kicsim? – kérdezte.

"Look at my face!" I said, pointing to my furrowed brows. Mom smiled gently.
– Nézd csak az arcomat! – válaszoltam, miközben a szemöldökömet ráncoltam. Anya kedvesen mosolygott.

"I don't have a happy face today," I mumbled. "Do you still love me when I'm gloomy?"
– Ma nincs jó kedvem – mormoltam. – Azért szeretsz még, amikor szomorú vagyok?

"Of course I do," Mom said. "When you're gloomy, I want to be close to you, give you a big hug, and cheer you up."

– *Hát persze, hogy szeretlek* – *felelte Anya.* – *Amikor szomorú vagy, közel akarok lenni hozzád, szorosan megölelni és felvidítani.*

That made me feel a little better, but only for a second, because then I started thinking about all my other moods.

Ettől egy kicsit jobban éreztem magam, de nem sokáig, mert aztán elkezdtem a többi hangulatomra gondolni.

"So… do you still love me when I'm angry?"
– *És… akkor is szeretsz, amikor mérges vagyok?*

Mom smiled again. "Of course I do!"
Anya ismét elmosolyodott. – Hát persze!

"Are you sure?" I asked, crossing my arms.
– *Biztos vagy benne? – kérdeztem keresztbe font karokkal.*

"Even when you're mad, I'm still your mom. And I love you just the same."

– *Még akkor is az anyukád vagyok, amikor mérges vagy, és ugyanúgy szeretlek.*

I took a big breath. "What about when I'm shy?" I whispered.

Nagy levegőt vettem. – Mi van, amikor szégyenlős vagyok? – suttogtam.

"I love you when you're shy too," she said. "Remember when you hid behind me and didn't want to talk to the new neighbor?"

– Akkor is szeretlek, amikor szégyenlős vagy – mondta. – Emlékszel, amikor mögém bújtál és nem akartál beszélni az új szomszéddal?

I nodded. I remembered it well.

Bólintottam. Jól emlékeztem rá.

"And then you said hello and made a new friend. I was so proud of you."

– Aztán végül köszöntél neki, és összebarátkoztatok. Annyira büszke voltam rád.

"Do you still love me when I ask too many questions?" I continued.

– *Akkor is szeretsz, amikor túl sokat kérdezek?* – *folytattam.*

"When you ask a lot of questions, like now, I get to watch you learn new things that make you smarter and stronger every day," Mom answered. "And yes, I still love you."

– *Amikor olyan sokat kérdezel, mint most, megfigyelhetem, ahogy új dolgokat tanulsz, és minden nap egyre okosabb és erősebb leszel – válaszolta Anya.*
– *És igen, akkor is szeretlek.*

"What if I don't feel like talking at all?" I continued asking.

– Mi van, ha egyáltalán nincs kedvem beszélgetni? – folytattam a kérdezősködést.

"Come here," she said. I climbed into her lap and rested my head on her shoulder.

– Gyere ide! – mondta. Felmásztam az ölébe, és a vállára hajtottam a fejem.

"When you don't feel like talking and just want to be quiet, you start using your imagination. I love seeing what you create," Mom answered.

– *Amikor nincs kedved beszélgetni és csak csendben akarsz lenni, olyankor a képzeleted kezded el használni. Szeretem nézni az alkotásaidat – válaszolta Anya.*

Then she whispered in my ear, "I love you when you're quiet too."

Majd a fülembe súgta: – Akkor is szeretlek, amikor csendben vagy.

"But do you still love me when I'm afraid?" I asked.
– **Akkor is szeretsz, amikor félek? – kérdeztem.**

"Always," said Mom. "When you're scared, I help you check that there are no monsters under the bed or in the closet."
– **Mindig – felelte Anya. – Amikor félsz, segítek megnézni, hogy nincsenek-e szörnyek az ágyad alatt vagy a szekrényben.**

She kissed me on the forehead. "You are so brave, my sweetheart."

Megpuszilta a homlokomat. – Olyan bátor vagy, kicsim!

"And when you're tired," she added softly, "I cover you with your blanket, bring you your teddy bear, and sing you our special song."

– Amikor pedig fáradt vagy, – tette hozzá halkan – betakarlak a takaróddal, odaviszem neked a macidat, és eléneklem neked a különleges dalunkat.

"What if I have too much energy?" I asked, jumping to my feet.

– Mi van olyankor, amikor túl sok az energiám? – kérdeztem, miközben leugrottam az öléből.

She laughed. "When you're full of energy, we go biking, skip rope, or run around outside together. I love doing all those things with you!"

Nevetett. – Amikor túl sok az energiád, elmegyünk együtt biciklizni, ugrókötelezünk vagy odakint futkározunk. Imádom csinálni veled ezeket.

"But do you love me when I don't want to eat broccoli?" I stuck out my tongue.

– Akkor is szeretsz, amikor nem akarom megenni a brokkolit? – Közben kinyújtottam a nyelvemet.

Mom chuckled. "Like that time you slipped your broccoli to Max? He liked it a lot."

Anya elnevette magát. – Mint amikor odaadtad a brokkolidat Maxnak? Nagyon ízlett neki.

"You saw that?" I asked.
– *Láttad?* – *kérdeztem.*

"Of course I did. And I still love you, even then."
– *Persze, hogy láttam. És még olyankor is szeretlek.*

I thought for a moment, then asked one last question:
Gondolkodtam egy kicsit, majd feltettem egy utolsó kérdést.

"Mommy, if you love me when I'm gloomy or mad... do you still love me when I'm happy?"
– Anya, ha szeretsz, amikor szomorú vagy mérges vagyok... olyankor is szeretsz, amikor boldog vagyok?

"Oh, sweetheart," she said, hugging me again, "when you're happy, I'm happy too."
– Ó, drágám, – mondta, és újra megölelt – Amikor boldog vagy, én is boldog vagyok.

She kissed me on the forehead and added, "I love you when you're happy just as much as I love you when you're sad, or mad, or shy, or tired."
Megpuszilta a homlokomat, és hozzátette: – Ugyanúgy szeretlek, amikor boldog vagy, mint amikor szomorú, mérges, szégyenlős vagy fáradt.

I snuggled close and smiled. "So... you love me all the time?" I asked.

Szorosan hozzábújtam és elmosolyodtam. – Szóval... mindig szeretsz? – kérdeztem.

"All the time," she said. "Every mood, every day, I love you always."

– Mindig – válaszolta. – Minden hangulatban, minden nap, mindig szeretlek.

As she spoke, I started feeling something warm in my heart.
Miközben beszélt, valami melegséget kezdtem érezni a szívemben.

I looked outside and saw the clouds floating away. The sky was turning blue, and the sun came out.
Kinéztem, és láttam, hogy a felhők elvonulnak. Az ég kezdett kiderülni, és előbújt a nap.

It looked like it was going to be a beautiful day after all.
Úgy tűnt, végül mégis gyönyörű napunk lesz.

www.ingramcontent.com/pod-product-compliance
Lightning Source LLC
LaVergne TN
LVHW072107060526
838200LV00061B/4830